L'ESPAGNE

ET

LE NORD-ESPAGNE

ÉTUDE

ÉCONOMIQUE ET FINANCIÈRE

Prix : 1 Franc

LYON

IMPRIMERIE MOUGIN - RUSAND

3, rue Stella, 3

Décembre 1880

L'ESPAGNE

ET

LE NORD-ESPAGNE

ÉTUDE

ÉCONOMIQUE ET FINANCIÈRE

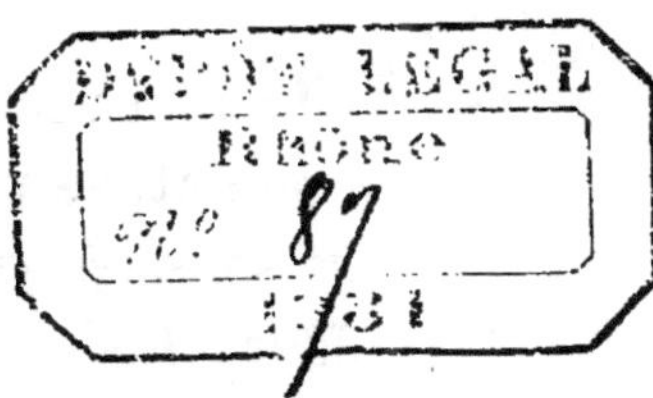

Prix : 1 Franc

LYON

IMPRIMERIE MOUGIN - RUSAND

3, rue Stella, 3

Décembre 1880

L'ESPAGNE

ET

LE NORD-ESPAGNE

Le mouvement commercial et financier qui, en ce moment, se produit en Espagne, nous engage à mettre sous les yeux des capitalistes les avantages considérables que peuvent leur offrir certaines valeurs de la Péninsule.

Nous essayerons d'abord de calmer les craintes et d'effacer les préjugés de certains capitalistes français à l'égard de l'Espagne, craintes et préjugés maintenant absurdes, comme on le verra par cet exposé sommaire de la situation économique de ce pays.

L'Espagne jouit actuellement d'un gouvernement constitutionnel qui tient le milieu entre la République et la Royauté absolue et qui s'adapte très bien à l'esprit de ses populations : étant d'un libéralisme suffisant, il ne peut donner lieu à aucun changement, à aucune révolution. Et, si l'on considère que l'opinion publique, grâce à la fameuse entreprise de Don Carlos, est profondément dégoûtée des guerres civiles et des prétendants autoritaires, on peut affirmer que l'Espagne possède un lendemain gouvernemental des plus assurés.

Au point de vue économique, l'Espagne ne peut rester immobile au milieu de ce courant puissant qui entraîne tous les peuples vers un accroissement de bien-être, résultant de l'exploitation des richesses naturelles que renferme leur sol et des cultures que comporte leur climat. A cet égard, l'Espagne est plus favorisée que la plupart des autres contrées de l'Europe : elle possède en abondance des mines de charbon, de fer, de mercure, de zinc, etc., qui ne demandent qu'à être exploitées ; en même temps, son sol et son climat lui permettent les cultures les plus riches et les plus variées, entre autres celle de la vigne qui fait si vite la fortune de l'agriculteur et même d'une contrée entière.

Depuis deux ans environ, la culture des vins ordinaires a pris, en Espagne, une extension considérable, grâce à l'entrée définitive de ces vins dans le commerce français. Autrefois, ces vins, n'ayant pas de débouchés à l'étranger, la France se suffisant à elle-même, l'Angleterre les proscrivant par son échelle alcoolique, en étaient réduits à être consommés sur place. Tout cela a changé.

Aujourd'hui, le négociant français parcourt l'Espagne et recherche les vins ordinaires pour les mélanger à nos petits vins français ; et le tout entre avec avantage dans notre consommation et dans notre commerce d'exportation : l'Espagne tend donc à devenir un quotient principal de notre commerce vinicol.

Nos actifs commerçants du Midi ne se contentent pas seulement d'acheter les vins, ils achètent les terrains susceptibles de donner les meilleurs produits et les font exploiter pour leur compte personnel ; comme les Anglais font déjà pour plusieurs célèbres vignobles espagnols.

L'activité française qui féconde tout sous ses pas, commence donc à se répandre en Espagne. Ce fait n'est pas sans conséquence : l'agriculteur espagnol, voyant l'étranger tirer grand profit de son sol, en ressent une certaine émulation ; d'autre part, étant désormais certain d'écouler ses produits à des prix avantageux, il plantera dans son champ, qui ne lui rapporte que de maigres épis, de la vigne qui lui rendra dix foix plus ; il défrichera ensuite des broussailles et des terrains incultes pour semer le froment nécessaire à son alimentation. De sorte que, en quelques années, l'activité agricole et commerciale de l'Espagne aura presque doublée.

En France, il y a trente ans, lorsque notre trafic commercial était encore hésitant sur nos premiers chemins de fer, le même fait économique s'est produit : les pays de vignobles de deuxième ordre étaient misérables, aujourd'hui, ils sont les plus riches de France.

On peut donc prévoir le moment assez proche, où l'Espagne, grâce à la mise en exploitation de ses richesses, deviendra, comme la France, un pays où les fortunes agricoles et commerciales se formeront ; où le luxe et le confort se répandront ; où l'argent deviendra commun. Il résultera de tout cela, pour les chemins espagnols, un accroissement de trafic qui leur permettra de doubler et même de tripler leurs revenus actuels d'ici quelques années.

Si vous voulez avoir la preuve de ce que nous avançons ci-dessus, jetez les yeux sur le mouvement financier qui se produit en Espagne, et qui est, ici comme dans tous les autres pays, le baromètre infaillible où se mesure la prospérité ou la décadence des nations.

Vous verrez, en effet, que l'Espagne reprend graduellement le service de sa dette qui, en peu de temps, est montée de 12 à 21 fr. et dont les titres, en grande quantité, commencent à rentrer chez elle. Dans les principales villes de la Péninsule, il s'établit un courant d'affaires financières de plus en plus important ; et, à Madrid, vu l'abondance toujours croissante des capitaux, il serait question d'établir un marché de valeurs étrangères. D'autre part, l'encaisse métallique de la Banque d'Espagne, loin de faiblir par intervalle comme ceux de la Banque de France et d'Angleterre, va, au contraire, en augmentant dans des proportions relativement considérables. Ce sont-là des faits d'une importance économique de premier ordre. Maintenant, si on tient compte que l'Espagne est à l'abri de tous les conflits qui peuvent éclater à tout moment entre les autres États de l'Europe, on voit que la sécurité financière de ses valeurs est de premier ordre.

On nous objectera peut-être que les chemins espagnols, à leur début, n'ont pas donné les résultats auxquels on s'attendait ; nous ferons remarquer que toutes nos grandes entreprises aujourd'hui si florissantes, ont eu des moments très critiques à leur commencement : la plupart de leurs actions furent longtemps au-dessous du pair; ce qui n'empêche pas le Nord Français de valoir aujourd'hui 1.700 fr., le Suez 1.270, la Compagnie générale des Eaux 2.100, etc., etc.

Pour les chemins espagnols, cette période toujours difficile des commencements, fut encore aggravée par une guerre civile et par un état industriel et agricol énormément en retard. Mais, depuis quelques années, nous assistons à un relèvement rapide de toutes ces entreprises dont les belles recettes actuelles nous font prévoir, pour leurs actions, des prix supérieurs à 500 francs. Et ceci ne fera pas l'ombre d'un doute, quand nous aurons démontré la supériorité économique des lignes espagnoles sur les autres compagnies étrangères.

Parmi les différentes compagnies de chemins de fer de la Péninsule, il en est une qui n'a pas souffert sans profit de la crise terrible qui a menacé de la ruine la plupart des autres compagnies espagnoles ; cela, grâce au plus grand génie financier de notre époque qui présidait à la formation de son réseau.

C'est du Nord-Espagne dont nous voulons parler.

En effet, cette Compagnie, aujourd'hui la plus con-sidérable de l'Espagne, possède 1734 kilomètres de chemins de fer, dont la plus grande partie (1000 kilo-mètres environ) provient du rachat de trois autres compagnies plus ou moins en détresse, rachat fait à des prix très avantageux.

Examinons quelle est la situation actuelle de cette Compagnie ; ensuite nous verrons quel est son avenir.

L'exercice 1879 a permis de distribuer, par action, un dividende de 12 fr. 50.

L'exercice 1880, sur le précédent, présente à la 51e semaine une plus-value d'environ....... 5.300.000

Produit brut dont il faudra déduire :

1° Pour le service des an-ciennes Obligations Pampe-lune non-échangées........ 450.000

2° Pour les frais d'exploita-tion nécessités par le surcroît de trafic................. 1.000.000

Cette dernière somme nous paraît largement suffisante, si nous tenons compte des éco-nomies que la Compagnie doit réaliser du fait de l'améliora-tion du change et de sa four-niture de charbon par les mi-nes qui lui appartiennent.

1.450.000   1.450.000

Il reste donc un produit net de 3.850.000

Ce qui fait par action 12 fr. 80 d'excédant et porte

le dividende distribuable de 1880 à 25 fr. 30 par action (1).

On voit donc que, en un an, le revenu des actions de cette Compagnie a doublé. Certes, on ne distribuera pas tout ce qui a été gagné : on constituera un fonds de réserve, fonds qui est toujours acquis aux actionnaires, en même temps que très favorable à la progression et à la solidité des cours de leurs actions.

Néanmoins, le dividende de 1880 ne saurait être trop inférieur à 20 fr.

Nous passerons maintenant à l'évaluation du dividende de 1881. En examinant le tableau des recettes hebdomadaires de cette Compagnie, tous réseaux réunis, pour l'exercice 1880, nous voyons ce qui suit :

Pour la première moitié de l'année ces recettes hebdomadaires varient entre. .   860.000 et   950.000

A partir de juillet, elles varient entre. . . . .   1.025.000 et 1.095.000

A partir de septembre jusqu'à fin décembre, elles varient entre. . . . .   1.150 000 et 1.300.000

De cette progression régulière et constante, il est facile de tirer des conclusions : les recettes des premières semaines de 1881 qui suivront cette progression, vont entrer en comparaison avec les recettes des

---

(1) Au moment où nous mettons sous presse, nous apprenons que la 52e semaine de 1880 offre une nouvelle plus-value de 342.000 fr. ce qui fait environ 1 fr. par action à ajouter au dividende de 1880.

premières semaines de 1880 qui sont très faibles ; en effet, la première est de 744.000 fr. et les autres varient entre 860.000 et 950.000 fr., comme nous l'avons dit plus haut. Donc la comparaison sera en faveur des recettes de 1881, qui pourront offrir des plus-values hebdomadaires variant entre 125.000 et 200.000 : pour ne pas exagérer, mettons 125.000 fr. par semaine — ce qui fait, pour la moitié de l'année ou 26 semaines, 3,250,000. — Nous estimons que le restant de l'année complètera largement le quatrième million.

Nous aurions donc pour l'année 1881 une nouvelle plus-value d'environ.................. 4.000.000

Produit brut dont il faudra déduire :

1º Pour le service d'obligations Pampelune, jouissance 1881........................ 305.550

2º Frais d'exploitation résultant du surcroît de trafic...... 900.000

3º Annuité à servir à la liquidation du procès Alar-à-Santander (1)..................... 500.000   1.705.550

Il resterait donc un produit net de.... 2.294.450

---

(1) Ce procès, que nous considérons comme perdu, quoiqu'étant encore en cassation, ne peut imposer au Nord-Espagne un sacrifice annuel supérieur à 500.000 francs, amortissement et intérêt compris. Il eut pour origine des travaux de construction entrepris par le Crédit Castillan de Valladolid pour le compte de l'ancienne Compagnie d'Alar-à-Santander, travaux estimés 7 millions de francs environ.

Ce qui ferait par action un nouvel excédant de 7,65 et qui permettrait à l'exercice 1881 de distribuer 33 francs environ par action — impôt non déduit.

Pour l'année 1882, le Nord-Espagne n'a aucune charge nouvelle à enregistrer et les plus-values de cet exercice se repartiront en entier aux actionnaires.

Pour l'année 1883, aux termes du contrat de rachat, la Compagnie du Nord-Espagne devra compléter les 2/3 de l'intérêt qu'elle paye déjà aux obligations dites Barcelone ; ce nouveau service demande environ 1.240.000 fr. Ceci clôture la série de charges successives que la Compagnie s'était imposée par ses rachats, et son avenir est désormais dégagé de toute nouvelle charge.

Après l'exposé sommaire de la situation de cette Compagnie, nous allons essayer de déterminer quels sont les prix auxquels pourront prétendre ses actions.

Actuellement, si on capitalisait l'action du Nord-Espagne à 5 0/0 d'après le dividende gagné en 1880, elle devrait valoir 500 fr. Cette action peut donc compter sur une hausse de 100 fr. au moins ; non-seulement cette hausse se produira, mais encore elle sera accentuée par l'escompte du dividende de 1881, quand on verra ce dernier s'annoncer comme nous l'avons exposé plus haut.

Probablement nous verrons se produire, sur les actions du Nord-Espagne, le même fait que sur les chemins portugais, dont les actions sont montées, presque sans s'arrêter, de 350 à 620 fr.

Ces cours sur le Nord-Espagne n'étonneront personne, quand nous aurons fait remarquer que la progression des recettes est un fait constant, une loi économique qui s'impose. Comme exemple, citons cette même action du Nord-Espagne qui valait 80 fr., il y a dix ans, et qui, grâce à la vérité de cette loi économique, a pu reprendre graduellement le service de ses différentes séries de titres, puis de ses actions. Cette progression de recettes, en ce moment, entre dans une phase nouvelle et va tripler d'importance grâce aux rachats des compagnies de Pampelune, Tudela-Bilbao, Alar-à-Santander ; rachats dont les avantages se font déjà sentir dans l'économie du réseau.

Si on nous objectait que cette progression de recettes n'est pas une loi économique toujours vraie, l'exercice 1879 ayant été inférieur à l'exercice précédent ; nous ferons remarquer que ce fait est purement accidentel et qu'il eût pour cause la suppression momentanée du traité de commerce entre la France et l'Espagne ; suppression qui, par une majoration énorme des tarifs douaniers, rendait impossibles les échanges entre ces deux pays : le Nord-Espagne a donc été privé d'une partie de son trafic ordinaire.

Quand l'épargne sera pénétrée de ces vérités, quand elle verra le Nord-Espagne, aussi bien que notre Paris-Lyon, que notre Compagnie générale des Eaux, que le Suez, peut compter chaque année, sur des plus-values nouvelles : alors elle ne se contentera pas seulement de capitaliser cette valeur à 5 0/0, mais elle escomptera son avenir et la capitalisera aux environs de 4 0/0. — Ce qui fera monter ses actions à 700 ou 750 fr. d'ici quelques années.

Si nous comparons maintenant le Nord-Espagne à quelques chemins de fer étrangers bien connus, nous voyons qu'il leur est supérieur par son avenir et par sa situation économique. Ainsi, le nombre de ses actions, proportionné à son nombre de kilomètres, est sensiblement inférieur à celui des autres Compagnies.

En effet, nous avons :

Pour le Nord-Espagne.   173 actions par kilomètre.
Pour le Saragosse.....   195   id.   id.
Pour l'Autrichien   273   id.   id.
Pour le Lombard......   334   id.   id.

Ce qui fait, par exemple, qu'une augmentation de recette

de 1.000.000 sur le Nord-Espagne, correspondrait
à une augmentation
de 1.020.000 sur le Saragosse,
de 1.833 000 sur l'Autrichien,
de 2.500.000 sur le Lombard.

Donc, la plus-value de 5.285.000, soit 4.835.000 fr. charges supplémentaires déduites, que le Nord-Espagne enregistre à le 51ᵉ semaine de 1880, correspondrait, pour les autres Compagnies, aux plus-values suivantes :

Pour le Saragosse...................   4.931.700
Pour l'Autrichien 8.862.000
Pour le Lombard....................   12.087.000

D'après ces comparaisons, on voit donc quels sont les avantages des actions du Nord-Espagne sur celles des autres compagnies, au point de vue de l'augmentation rapide des dividendes. — Sur ce point, on ne peut les comparer qu'à celles des chemins portugais.

Si nous voulons juger de l'avenir du Nord-Espagne à un point de vue plus général, comparons son rendement kilométrique à celui de ces mêmes compagnies ; nous verrons que ce rendement est encore très bas et, par conséquent, laisse une marge considérable aux plus-values à venir.

En effet, en prenant les recettes de 1880 à la 51ᵉ semaine, nous avons :

Pour le Nord-Espagne :
un rendement de 595 fr. par semaine et par kilᵐ

Pour le Saragosse :
un rendement de 504 fr.   »   . »

Pour l'Autrichien :
un rendement de 774 fr.   »   »

Pour le Lombard :
un rendement de 757 fr.   »   »

Vu la situation des chemins espagnols : leurs réseaux ne reliant entr'elles que des villes relativement importantes, se trouvant dans un pays qui, par son sol, son climat et sa position géographique a plus d'avenir que l'Autriche, on ne sera donc pas étonné que leur rendement kilométrique puisse un jour atteindre celui du Lombard et de l'Autrichien : rendement qui permettrait aux actions du Nord-Espagne de valoir 1.000 à 1.200 fr. Si cette éventualité totale tarde à se produire, du moins partiellement, elle ne saurait faire un doute ; une augmentation kilométrique de 100 fr. par semaine, sur le Nord-Espagne, nous paraît inévitable. — Ce qui porterait ses actions à 800 ou 900 fr.

On voit donc, par toutes ces comparaisons, quel est le brillant avenir réservé au Nord-Espagne, qu'elle est l'excellente situation économique de cette Compagnie, résultant de l'ordre et de l'économie qui ont présidé à son établissement, en même temps que de l'habileté d'un grand spéculateur. Cette Compagnie n'eût pas à subir des majorations énormes et de folles prodigalités comme certaine Compagnie étrangère qui ne donne rien à ses actionnaires, et dont le rendement kilométrique permettrait au Nord-Espagne de distribuer 60 francs par an à ses actions.

Nous terminons par ce simple conseil : la meilleure de toutes les spéculations est celle qui consiste à garder en portefeuille une bonne valeur d'avenir.

Décembre 1880.

Lyon. — Imprimerie Mougin-Rusand, rue Stella, 3.